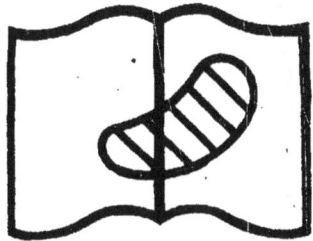

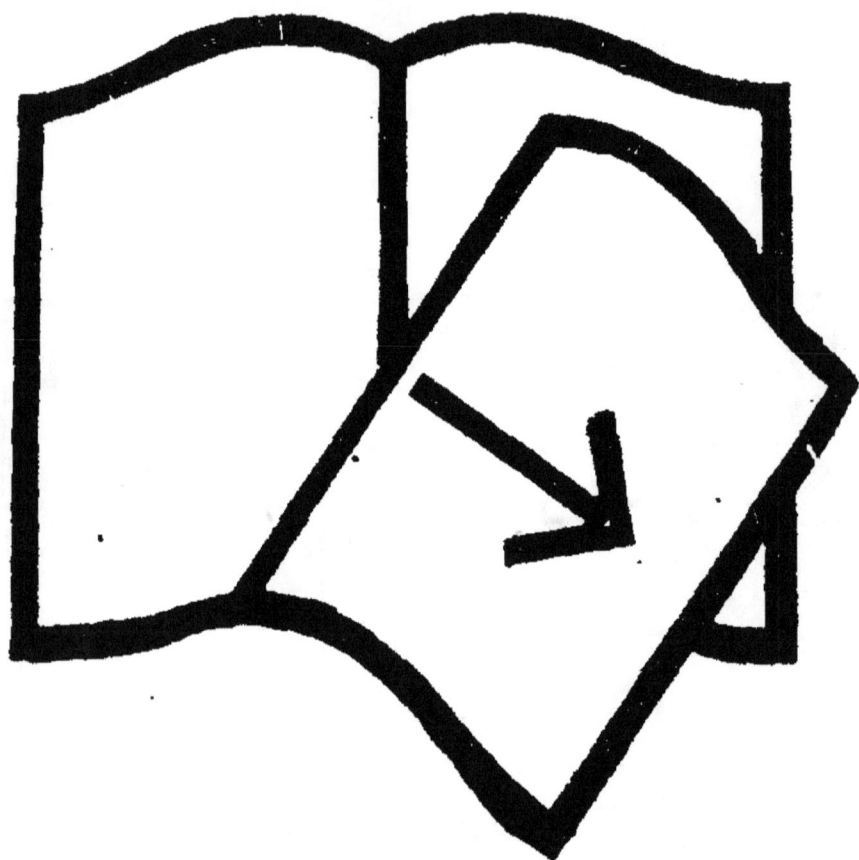

Couvertures supérieure et inférieure
manquantes

NOTES

SUR L'ORGANISATION ADMINISTRATIVE

DE LA GÉNÉRALITÉ DE LA ROCHELLE

AVANT 1789.

« L'histoire administrative de la France au xviiiᵉ siècle est encore à faire, a dit notre éminent collègue, M. d'Arbois de Jubainville, en indiquant comme la source principale et inexplorée de cette vaste enquête « les correspondances et décisions de toute sorte par lesquelles nos vieilles institutions ont manifesté leur énergique vitalité en exerçant leur action bienfaisante sur les populations dirigées par elles et couvertes de leur puissante protection. »

M. A. de Tocqueville a ouvert la voie par son œuvre magistrale « l'Ancien Régime et la Révolution. » M. R. Dareste a exposé avec l'autorité qui s'attache à ses savants travaux « la justice administrative en France. » Il appartenait à M. d'Arbois de Jubainville de jeter les bases d'une histoire définitive de l'organisation administrative de notre pays avant 1790. Il sera notre guide dans cette étude, et nous adopterons le même plan pour répandre plus de clarté sur notre sujet, tout en multipliant les divisions, la Généralité de la Rochelle étant un pays maritime.

I. — *Origine des Généralités et des Intendances. — Les Élus. — l'Intendant et ses Subdélégués. — Circonscription de la Généralité de la Rochelle.*

II. — *Attributions financières de l'Intendant. — Taille et impositions accessoires. — Maintenues de noblesse et condamnation des faux nobles.*

III. — *Vingtièmes.*

IV. — *Domaines et droits joints.*

V. — *Attributions militaires de l'Intendant. — Administration militaire.*

VI. — *Marins.*

VII. — *Travaux publics — Ponts-et-chaussées.*

VIII. — *Police administrative. — Lettres de cachet. — Demandes de renseignements.—Affaires ecclésiastiques.—Instruction publique. — Commerce des denrées alimentaires. — Précautions à prendre contre les incendies. — Postes et messageries. — Presse et librairie. — Maréchaussée, etc.*

10

IX. — *Administration communale.* — *Echevinages et communautés rurales.* — *Lutte des intendants contre la justice seigneuriale et confiscation à leur profit de la tutelle des communautés.*

X. — *Corporations industrielles et commerciales.*

XI. — *Agriculture.*

XII. — *Statistique.*

I

Origine des Généralités et des Intendances. — Les Elus. — L'intendant et les subdélégués.—La Généralité de la Rochelle.

Avant l'institution des Préfectures, le représentant du pouvoir central et le chef administratif de la Généralité était l'Intendant, sauf pendant une période de dix années, durant laquelle l'autorité d'une assemblée élective administrant directement le département, fut substituée à celle d'un fonctionnaire nommé par le chef de l'Etat. Il n'existe aucun rapport d'attribution entre la magistrature de l'intendant et celle du *prœses* romain, du comte mérovingien ou du bailli du treizième siècle. Le *prœses* était en effet juge ordinaire en même temps qu'administrateur, le comte et le bailli unissaient aux attributions judiciaires et administratives, le commandement militaire de leur circonscription. L'Intendant avait à côté de lui un Gouverneur militaire, il n'exerçait le pouvoir de chef de l'administration de la marine qu'en vertu d'une commission particulière et toute personnelle, sa compétence judiciaire elle-même était limitée par le mandat dont il était investi, et nettement définie par les attributions permanentes des Parlements, des Présidiaux, des Bailliages, des Amirautés, des Officialités et autres juridictions. L'Intendant est avant tout un administrateur. La création des intendances en France fut le point de départ de la séparation définitive de l'ordre administratif et de l'ordre judiciaire jusqu'alors réunis dans les mêmes mains et qui auront désormais pour caractères distinctifs l'amovibilité et l'inamovibilité.

Cette séparation, commencée dans la seconde moitié du treizième siècle par l'existence individuelle de la chambre des Comptes et du Conseil du Roi distincts du Parlement, s'accuse dès le siècle suivant par une expression géographique nouvelle qui est à la base des intendances, les Elections. Les Elus chargés en 1355 de surveiller et de diriger dans leur ressort la perception des impôts, eurent une circonscription calquée dans le principe sur les diocèses ecclésiastiques, reflets des anciennes provinces de la Rome impériale, puis nettement définie par l'ordonnance du 25 août 1452, qui prescrivait l'établissement de sièges particuliers érigés dans la suite en élections distinctes.

La réunion de plusieurs élections constitue une Généralité, dénomination empruntée au titre des inspecteurs des élus, qui surveillaient leur gestion et reformaient en appel leurs sentences. L'ordonnance du 28 décembre 1355 désigne ces magistrats sous le nom de *Généraux superintendants.* Ils s'appelèrent successivement *Généraux députés par le Roi sur le fait des aides* (1360), *Généraux élus sur le fait des aides* (1367), *Généraux trésoriers des aides* (1369), *Généraux conseillers sur les aides* (1371-1388).

Les ordonnances du dernier février 1388 et du 11 mars 1390, leur donnent le titre de *généraux conseillers pour le fait des aides*, ou simplement *généraux des aides*, et fixent leur nombre à six, dont trois avaient des attributions judiciaires. C'est l'origine de la cour des aides, juridiction suprême de l'ancienne monarchie en matière d'impôts. La partie administrative des services incombait aux trois autres. Le pouvoir royal, pour faciliter leur mission, divisa la France en régions comprenant chacune un certain nombre d'élections. C'est ainsi que furent formées les *généralités* dont le nom n'apparaît pour la première fois que le 27 décembre 1500. D'un côté les *généraux conseillers sur le fait de la justice* se multiplient à l'instar des parlements, de l'autre, les *généraux des finances* inspectent fréquemment les élections de leurs circonscriptions et sont assujettis à la périodicité de ces inspections par l'ordonnance d'avril 1459 qui mentionne ces nouvelles divisions financières.

Dans chaque siége de *général* ou *généralité* prévalut dès le xv⁰ siècle l'usage d'établir un receveur général pour centraliser le produit des impôts, et un trésorier de France pour surveiller l'administration du domaine. Les receveurs généraux avaient sous leurs ordres des receveurs particuliers dans chaque élection.

En 1523 et en 1542, M. d'Arbois de Jubainville énumère dix recettes générales : Outre-Seine, Normandie, Picardie, Languedoil, Guyenne, Bretagne, Languedoc, Bourgogne, Dauphiné, Provence.

Par l'édit de décembre 1542 qui augmenta le nombre de ces circonscriptions financières, notre circonscription prit naissance. La généralité de Languedoil fut alors divisée en cinq recettes générales, dont les siéges furent fixés à Bourges, Tours, Poitiers, Issoire et Lyon.

Un commis fut placé par les généraux des finances et trésoriers de France, auprès de chaque receveur général.

L'édit de janvier 1551 créa dans le ressort de chaque recette générale un trésorier général des finances.

Les généraux des finances pouvaient, aux termes de l'ordonnance du 26 janvier 1382, instituer et destituer les élus, receveurs, grenetiers, contrôleurs, affermer les aides ou les mettre en régie, taxer les gages, donner des répits, transiger, etc. Ils durent faire des tournées (ordonnance d'avril 1459), dresser les budgets des receveurs, arrêter les comptes des receveurs généraux (février 1444 et décembre 1523), faire v r par leurs commis les quittances délivrées par les receveurs généraux, sous peine de nullité (décembre 1542).

Deux importantes réformes administratives marquèrent la fin du xvi⁰ siècle : 1⁰ la suppression de l'administration spéciale chargée de l'entretien des biens domaniaux et de la perception des revenus de ces biens, qui eut pour conséquence la réunion dans les mêmes mains des charges de trésorier de France et de général des finances (janvier 1551), confiées en juillet 1577 à une compagnie de trésoriers de France généraux des finances. C'est l'origine du bureau des finances. Le pouvoir royal redoutant l'esprit d'indépendance des magistrats de cette nouvelle institution, indépendance accrue par la vénalité des charges, chercha à réduire au contentieux administratif les attributions des bureaux des finances et plaça à la tête de la Généralité un fonctionnaire nouveau, unique et dépendant ; 2⁰ L'Intendant de justice, police et finances, fut le commissaire départi pour l'exécution des ordres du Roi dans chaque généralité. Cette institution prit un développement toujours plus vaste.

Les maîtres des requêtes de l'hôtel devaient, dès l'année 1553, faire par tout le royaume des chevauchées ou tournées d'inspection dont la régularité fut prescrite par les ordonnances d'Orléans (1560), Moulins (1566), Blois (1579). Ils furent chargés d'imposer aux tailles les prétendus nobles indûment exemptés et de juger les réclamations des paroisses ou des particuliers qui se plaignaient d'être taxés au-dessus de leurs ressources. Ces commissaires, sous le titre d'Intendants de justice, connurent d'autres matières que les questions d'impôt et provoquèrent dès 1628 les réclamations des Parlements. Néanmoins, dès 1629, leurs attributions furent étendues par le code Michaud qui leur donna surveillance sur tous les officiers royaux et le droit de réduire les *épices* exagérées réclamées par quelques juges.

L'Aunis formait la neuvième élection de la Généralité du Poitou, et la Saintonge était partagée entre les Généralités de Limoges et de Bordeaux, lorsque par un édit du mois d'avril 1694 fut créée la Généralité de la Rochelle, formée dans le principe de cinq élections, puis au milieu du XVIIIe siècle de six élections. (L'élection de Barbezieux ayant été détachée de celle de Saintes.)

L'étendue de la Généralité était de 26 lieues dans sa plus grande longueur, de Marans à Coutras, et de 23 lieues dans sa plus grande largeur, de Mansle à Royan. En 1698, elle comptait 360,000 âmes, dont 70,000 dans l'Aunis et l'île de Ré, 280,000 dans la Saintonge, et 10,000 dans les extensions des diocèses d'Angoulême, Périgueux et Poitiers. Ils étaient répartis entre 730 paroisses.

Le siége de l'Intendance était fixé à la Rochelle. La ville avait affermé à la famille de Trudaine l'hôtel de Cheusses (rue Fleuriau), qui fut successivement habité par les intendants de Muin, Begon et Beauharnois. En 1728, le corps de ville acquit l'hôtel de Mme de Bonoûil (rue de l'Evêché). L'acte de vente reçu par le notaire Michaud le 25 février 1729, constate que le prix d'achat fut de 37,000 livres. Cet hôtel occupé par M. Bignon de Blanzy servit à ses successeurs jusqu'à la suppression des Intendances. Il devint hôtel de la Gendarmerie et fut ensuite vendu à M. Joly.

La Généralité de la Rochelle eut le privilége d'avoir souvent à sa tête des hommes vraiment distingués :

Begon, habile administrateur et protecteur éclairé des lettres et des arts ;

Amelot de Chaillou, qui entra à l'Académie française en 1727 ; et surtout Auget de Montyon, l'illustre fondateur des prix de vertus qui avait donné le modèle des qualités qu'il voulut récompenser après sa mort.

Voici la liste de ces magistrats qui, pour le XVIIe siècle, est loin d'être complète :

AMELOT, *intendant de justice en Poitou et Aunis en 1623 (ms de Brienne, vol. 212).*

ARNAULT (Isaac), do, (Notes de M. E. Jourdan).

BOUCHERAT (Jean), nommé aussitôt après la réduction de la Rochelle en 1628.

COIGNET DE LA THUILLERIE LES DAMPMARTIN (Gaspard), en 1628. Les Rochelais firent frapper des jetons en son honneur.

AUTIER DE VILLEMONTÉE (François), nommé en 1631.

DE CORBERON (Nicolas), cité par Arcère, d'après le supplément de Moréri, en 1644.

DE VOYER D'ARGENSON (René), nommé le 1er avril 1644.

COLBERT DE TERRON (Charles), nommé en 1622, jeta les fondements de la ville de Rochefort.

LUCAS DE DEMUYN (Honoré), nommé le 22 septembre 1674.

ARNOU DE VAUCRESSON (Pierre), nommé le 17 février 1683.

BEGON (Michel), nommé le 15 septembre 1688, comme Intendant de la marine du Ponant à Rochefort, premier Intendant de la Généralité de la Rochelle, avril 1694, décédé à Rochefort le 14 mars 1710.

DE BEAUHARNAIS (François), nommé en 1710, décédé en 1746.

DE CREIL (Jean-François), nommé en mai 1716.

AMELOT DE CHAILLOU (Jean-Jacques), nommé en 1720.

BIGNON DE BLANZY (Jérôme), nommé en 1726.

BARENTIN (Charles-Amable-Honoré), nommé en 1737.

DE PLEURRE (Gabriel-Jean), nommé en 1747, décédé à la Rochelle le 25 juin 1749, inhumé dans l'église de Saint-Barthélémy.

DE BLAIR DE BOISEMONT (Louis-Guillaume), nommé en 1749.

BAILLON (Jean), nommé en 1755.

ROUILLÉ D'ORFEUIL (Gaspard-Louis), nommé en 1762.

LE PELETIER DE MORFONTAINE (Louis), nommé en 1764.

DUPLEIX DE BACQUENCOURT (Guillaume-Joseph), nommé en 1765.

SENAC DE MEILHAN (Gabriel), nommé en octobre 1766.

AUGET DE MONTYON (Antoine-Jean-Baptiste-Robert), nommé en septembre 1773.

MEULAN D'ABLOIS, (Marie-Pierre-Charles), nommé en 1775.

GUÉAU DE GRAVELLE DE REVERSEAUX (Jacques-Philippe-Isaac), nommé en 1781, qui périt sur l'échafaud à Paris, février 1794.

PAROISSES

DE LA GÉNÉRALITÉ DE LA ROCHELLE

RÉPARTIES PAR ÉLECTIONS (1).

Élection de la Rochelle.

La Rochelle. Aigrefeuille. Aistré. Amilly. Andilly. Angliers. Ardillières. Ars. Asnais. Aucher. Auvert ou Levert (enclave du Poitou).

Ballon. Benon. Bouhet. Bourgnouf.

Charentenay. Charon. Chastel-Aillon. Ciré. Clavette. Cognehors. Courdreau. Courson. Granchaban. Croix-Chapeau. Curé.

Dompierre.

Esnandes.

Ferrières. Fouras et Saint-Laurent.

(1) L'orthographe du XVIIe siècle a été respectée.

Lagord, La Jarrie. La Jarne. La Flotte. Lalaigne. Laleu. Landray. Le Breuil de Maigné. Le Breuil de Réorte. Le Breuil Saint-Jean. Le Gué d'Alleré. Le Thou. L'Houmeau. Longesve. Loire. Loix.

Marans ou d'Aligre. Marsay. Marsilly. Mauzé. Milescu. Monroy. Mortagne. Nieul.

Périgny. Les Portes. Priaire. Puyravault.

Rochefort.

Saint-Christophe. Saint-Cir du Doré. Saint-Georges du Bois. Saint-Germain de Marencennes. Saint-Hippolyte de Vergeroux. Saint-Jean de Liversay. Saint-Marc. Saint-Martin de Ré. Saint-Martin de Nuaillé. Saint-Maurice. Saint-Médard. Saint-Ouen. Saint-Pierre de Surgères. Saint-Rogatien. Saint-Saturnin du Bois. Saint-Sauveur de Nuaillé. Sainte-Marie. Sainte-Soulle. Saint-Xandre. Saint-Vincent. Saint-Vivien Surgères.

Taugon la Ronde. Tha'ré.

Vérines. Villedoux. Villeneuve. Virson. Vouhé. Voutron.

Yves.

Élection de Saintes.

(La lettre B indique les paroisses détachées de l'élection de Saintes pour former celle de Barbezieux.)

Saintes. Allas Champagne B. Antignac. Arces. Artenac B. Avis. Aumontet Savignac B.

Baigne B. Bardenac B. Barret B. Bazac B. Belluire. Berneuil en Pons. Berneuil en Barbezieux B. Beurlé. Biron. Bois. Bougnaux. Bouresse B. Bouscamenand B. Boutenac. Brie près Archiac B. Brie sous Barbezieux B. Brie sous Chalais B. Brie sous Mortagne B. Brives. Brassac B. Bussac et Lugeras B.

Celles B. Chadenac. Chalais B. Chatignac B. Challos B. Champagnac B. Champagne près Pont l'Abbé. Champagnolles. Chaniers. Chardes B. Chartusac B. Chatenet et le Pin B. Chatignac B. Chaunac B. Chepniers et Montlieu B. Chérac. Chermignac. Chillac B. Cierzac et Bedenac B. Cierzac, annexe de Germignac B. Clan. Clérac B. Colombiers. Condéon B. Consac. Corignac B. Corme l'Écluse. Coulonges. Courcoury. Corme Royal. Courpignac. Cousts B. Cozes. Crazannes. Cravans. Cressac B. Curac B.

Eschebrune. Eschillais. Escurat. Espargne. Esviers. Expiremond B.

Favaud. Fléac. Floirac. Fontaines B.

Geay. Gemousac. Germignac B. Givrezac. Grezac. Guimps B. Guizengeard B. Guitinières.

Husseau.

Jarnac Champagne B. Jazennes. Jussas B.

La Barde B. La Chaize B. La Chapelle Magenaud B. La Chapelle des Pots. La Chaume. La Clisse. La Clotte B. La Garde sur le Né B. La Genétouse B. La Houguette et Chamouillac. La Jard. Lamérac B. Terre et seigneurie de Brassac. Terre et seigneurie de Montbouyer et Montgozier B. Ville et paroisse de Barbezieux. Ville de Pons et paroisse Saint-Martin, Saint-Vincent, compris Machaine, Mazerolles et Vallières. Ville de Parcoul. Ville et paroisse de Royan. Bourg de Saint-Eutrope. Le Chay. La Mothe Luchet. Le Fouilloux B. Le Marquisat de Pisany. Le Mung. Léoville B. Les Essards. Les Gons et Tenac. Balanzac, de la paroisse de Corme Royal. Les Lignes et Cherréo. Les villages du Pas du Breuil. Les villages des Bougars et des Perchos. L'Hôpital de la Grand-Vaux et l'Hôpital Neuf. L'Isle latte. Lonzac B. Loriguac et le Tirac. Louzac et Javrozac. Luchat.

Marignac. Martron B. Médillac B. Modis et les villages des Maries. Meschers. Messac B. Moursac et les Epaux. Moings B. Morchaudé B. Montpollier. Monsanson. Montlieu B. Montendre B. Montcraud. Montignac. Montils. Mortiers et le Breuillet B. Mosnac. Moulons B.

Neuvic B. Neuillac B. Neusles B. Nieuil lès Saintes la Viroul. Notre-Dame de Nancras.

Oriolle B. Orlac.

Parcoul B. Passirat B. Pérignac. Pessines. Plassac. Plassay. Pont l'Abbé. Poulignac sous Montendre B. Poulignac sous Chalais B. Poumiers B. Préguillac. Réaux. Restaud et Saint-Christophe. Rignac A. Rioux. Romegou. Rufflac. Ruffignac B.

Sablonceaux. Salles B. Salignac. Saujon. Savignac et Melac B. Semillac. Semoussac. Semoussac en Didonne. Sérignac B. Sommeras B. Soubran. Soubran. Sousmoulins B. Soulignonne. Saint-Aigulin deçà la Dronne B. Saint-Aigulin delà la Dronne B. Saint-André de Clion. Saint-André de Lidon. Saint-Assere et Saint-Bris. Saint-Avis B. Saint-Aulais B. Saint-Augustin. Saint-Bonnet en Barbezieux B. Saint-Bonnet de Mirambeau. Saint-Ciers du Taillon. Saint-Ciers Champagne B. Sainte-Colombe B. Saint-Cyprien B. Saint-Ciriex. Saint-Denis de l'Hommée. Saint-Disant du Guâ. Saint-Estienne de Mortagne. Saint-Eugène B. Saint-Eutrope d'Agudelles. Saint-Félix B. Saint-Fort. Sainte-Gemme. Saint-Georges des Agouts. Saint-Genis. Saint-Georges de Cubillac. Saint-Georges des Couteaux. Saint-Georges de Didonne. Saint-Georges de Richemont. Saint-Germain de Lusignan. Saint-Germain du Seudre. Saint-Germain de Vibrac. Saint-Grégoire d'Ardennes. Saint-Hilaire près Barbezieux B. Saint-Hilaire du Bois. Saint-Hippolyte de Biard. Saint-Laurent des Combes B. Saint-Laurent du Roc B. Saint-Léger. Sainte-l'Heurine B. Saint-Maigrin B. Sainte-Marie de Chalais B. Saint-Martial de Coculet B. Saint-Marsault près Mirambeau. Saint-Marsault de Ville Recougnade B. Saint-Martial de Vilaterne. St-Martial d'Allas. St-Martin d'Assery B. St-Martin de Chenac. Saint-Martin de Couts B. Saint-Martin de l'Eguille. Saint-Martin de Meux. Saint-Martin de Niort. Saint-Maurice de Lauransanne B. Saint-Maurice de Tavernolles. Saint-Médard de la Barde B. Saint-Médard de Barbezieux B. Saint-Michel de Lanvelle. Saint-Michel de Lussac. Saint-Michel d'Ozillac B. Saint-Nazaire de Cerconl B. Saint-Palais de Saintes. Saint-Palais de Négrignac B. Saint-Palais de Piolains. Saint-Palais près Royan. Saint-Palais du Né B. Saint-Paul, annexe de Saint-Bonnet B. Saint-Pierre d'Archiac B. Saint-Pierre de Mornac. Saint-Pierre d'Orignolles B. Saint-Pierre du Palais B. Saint-Pierre du Petit-Julliac B, annexe de Saint-Marsault de Coculet. Saint-Porchaire. Saint-Quentin de Ransanne. Sainte-Radegonde, près Pont-l'Abbé. Sainte-Radegonde près Cosnac. Sainte-Ramée. Saint-Romain de Beaumont. Saint-Romain de Bonnet. Saint-Sauvant. Saint-Sever. Saint-Simon des Bordes B. Saint-Simon de Clermont. Saint-Simon de Pellouaille. Saint-Sorlin de Seschaud. Saint-Sorlin de Cosnac. Sainte-Souline B. Saint-Sulpice près Mornac. Saint-Sulpice près Pont-l'Abbé. Saint-Surin et Avignac B. Saint-Surin de Clerbize. Saint-Surin de Palènos. Saint-Surin d'Uzet. Saint-Thomas de Cosnac. Saint-Thomas du Bois. Saint-Vallier B. Saint-Vivien de la Vallée. Saint-Vivien de Champons B. Saint-Vivien de Brouillet. Saint-Vivien lès Saintes.

Tanzac. Tenac et les Arènes. Tesson. Tesac. Tains. Trizay. Tugeras B.

Vallet B. Varzay. Vassiac sous Montguyon B. Vaux. Vibrac B. Vignolles B. Villexavier B. Villars. Virrolet et Masdion.

Xandeville B.

Yviers B.

Election de Cognac.

Cognac. Angeac-Charonte. Angeac-Champagne. Anglo. Ars. Auberac. Avos. Auges. Aussac.

Barbezieux. Barbezières. Bassac. Bignac. Birac. Bonneville. Bourg-Charente et Moulineux. Bouttevillle. Boutiers. Broville. Burie et Roumette.

Candillon. Collettes. Charman-Juillaguet. Chassors. Chassors-Nareillac. Château-Bernard. Chobrac. Cherves. Coulongos. Courbillac. Critouil. Croin et Javresac. Dompierre.

Embleville. Enville. Exchalat. Eslaville.

Fouqueuves. Foussignac.

Gentet. Gimeux. Genac.

Houlotte.

Jansac et Roissac. Jaude. Juillac le Coq.

La Chapelle de Saint-Léger. La Magdelaine. L'Enclave de Macqueville. L'Enclave de Bredon. L'Enclave de Brevilland. L'enclave de Bourdelaine. L'Enclave de Creville. L'Enclave de Fleurac. L'Enclave de Gendeville. L'Enclave de Jurignac. L'Enclave de la Pallu. L'Enclave de Lonzac. L'Enclave de Rouillac. L'Enclave de Salignac. L'Enclave de Sigogne. L'Enclave des Métairies. L'enclave de Tiersac. L'Enclave de Massossier. L'Enclave du Plessis. L'enclave du Tapis. L'Enclave du Temple. L'Enclave de Marsillac. Ville de Chateauneuf. Ville de Jarnac. Lignières. Lucé et la Terne.

Mainxe. Malaville. Masse. Marcuil. Meriguac. Merpains. Mosnac. Moignac. Montigné. Montignac-Charente. Montignac. Moulindre.

Nanclas. Nercillac. Nonaville. Nonaville en Montignac. Notre-Dame de Montemaigre.

Oradour et Chillé.

Plaisac. Plassac. Puiperou et Boisredon. Puyreal et Chatelars.

Ranville. Reparsac. Richemont. Roussiac. Rouillac.

Salles. Gegonsac. Sigoine. Sonneville en Ambleville. Saint-Amand de Noire. Saint-André. Saint-Amand de Boisse. Saint-Brice-Charente. Saint-Estèfe. Saint-Estienne. Saint-Fort. Saint-Genis. Saint-Laurens. Saint-Martin. Saint-Médard d'Auge. Sainte-Mesme. Saint-Palais Labatu. Saint-Preuil. Saint-Sever. Saint-Sibardeau. Saint-Simieux. Saint-Simon. Saint-Trojan. Saint-Sulpice et l'Enclave de Migron. Saint-Surin.

Triac. Tourceis. Touzac.

Vaux. Verdille. Verrières. Vervand. Vibrac. Villagnon. Villars. Villejesus. Villejoubert. Ville de Pont de Mathe. Vouarte. Vougezac.

Xambes.

Election de Saint-Jean d'Angély.

Saint-Jean d'Angély. Agonnay. Ains. Annezay. Antezan. Archingeay. Amuré. Asnepont. Asnières. Augie. Aumaigne. Augeac. Authon.

Baghizeau. Basauge. Beillant. Beaulieu (Enclave dans le Poitou). Beauvais. La Bonaste. Bercloux. Bernay. Bignay. Blanzac. Bresdon. Breuillet. Brie. Brizambourg. Bussac.

Candé. Coltefroin (Enclave dans le Poitou). Chambon (Enclave dans l'élection de la Rochelle). Chandolent. Chanteloup. Chantemerle. Chaulmes. Cherbonnières. Cher'ettes. Coivert. Coulonges. Courant. Courcelles. Courcomme (Enclave dans le Poitou). Courcerac. Crospe. Cressé.

Dirac. Dirançon. Douil.

Ebéou. Escoyeux. Epalumes.

Fenioux. Fontcouverte. Fontaine-Chalandray. Fontenay. Frontenay-Labatta. Garneau. Genouille. Gibourne. Gourvillette. Grandgent. Grandsay. Guizalles. Horpes.

La Canoste et Puymoreau. La Brousse. La Chapelle Baston. La Frédière. La Jarrie-Audouin. Landes. La Revêtison-Chabot. La Rochechenard. La Vergne. Le Bourdet. Le Douhet. Legieq. Le Maine de Boisse. Le Pigné. Le Seure. Les Eglises d'Argenteuil. Les Nouillers. Les Touches de Périgny. Les Vanneaux. Ligueuil. Loiré. Loubille (Enclave dans le Poitou). Louluy. Lusignac. Lozay. Lussan.

Macqueville. Maigné. Marestay. Marsac. Mazeray. Messac. Maxin. Migré et la Taulière. Migron. Mons avec la Genétouse. Magné. Muron.

Nachamps. Nantillé. Néré. Nouvicq. Notre-Dame de Goignes. Nuaillé et Batipy.

Paillé. Peré (Enclave dans l'élection de la Rochelle). Prignac. Prissé. Puydaine. Puyrolland.

Saussay. Saint-Aubin de Grip. Saint-Clément. Saint-Coutant le Grand. Saint-Coutant le Petit. Saint-Crespin. Saint-Denis du Pin. Saint-Etienne la

Cigogne. Saint-Fraisne. Saint-Georges de Rex. Saint-Héric. Saint-Hilaire de la Pallu. Saint-Ouen. Saint-Julien de Lescap. Saint Laurent de la Barrière. St-Louis de la Petite Flandre. St-Luc. St-Marsault. St-Martin de la Coudre. St-Martin de Juillié. Ste-Mesme. St-Pardoult. St-Félix. St-Pierre de Juillié. St-Pierre de Lisle. St-Favin. St-Savin. St-Savinien du Port. St-Symphorien. Sonac. St-Vaize. St-Vivien des Bords. Siec.

Taillant. Taillebourg. Ternant. Tonnay-Boutonne. Tonnay-Charente. Torigné. Thors. Torxé. Touvre.

Vandré. Ventouse (Enclave dans le Poitou). Varaise. Vars. Venerand. Vervant. Villemorin. Villepouge. Voissay. Vallans. Usseau et Dompierre.

Election de Marennes.

Marennes. Arvert.
Beaugeay. Brouage. Brone.
Chaillovette.
Dolus.
Hiers.
La Tremblade. Le Chasteau d'Oleron. Les Espaux, annexe de Saint-Martin de Laurière. Le Gua. Les Mathes et Désirée, chastellenie de Talmond (Enclave dans l'élection de Saintes).
Moëze. Moutier Neuf et Saint-Aignant.
Saint-Denis. Saint-Fort. Saint-Froult. Saint-Georges. Saint-Jean d'Angle. Saint-Jean. Saint-Martin de Loriers. Saint-Nazaire. Saint-Pierre. Saint-Symphorien. Saint-Sorlin. Saint-Trojan. Soubise.

II

Attributions financières de l'Intendant.
Taille et impositions accessoires.

La *taille* est le plus ancien des impôts directs de la monarchie. La *capitation* qui date de 1695, n'est pas identique à notre contribution personnelle invariable.

Les taillables la payaient au marc la livre de leur taille. Il y avait en outre des *impositions accessoires* : Solde des troupes réglées affectées à un service spécial dans la Généralité ; entretien et solde des officiers de la maréchaussée ; étapes et ustensiles des troupes ; armement ; habillement et chaussures des soldats de milice de la Généralité, entretien et subsistance des officiers ; seconde paye des sergents des mêmes régiments ; réparations des chemins et des digues ; dédommagement en principal et intérêts des propriétaires des maisons, terres et héritages affectés à des travaux d'utilité publique, de fortifications, etc. ; construction et réparation des ponts et travaux d'art ; gages et taxations des trésoriers, contrôleurs, ingénieurs, inspecteurs des ponts et chaussées, etc. ; indemnités aux incendiés, aux familles des victimes des épidémies, inondations, etc. ; contribution représentative de la corvée, etc.

Le montant de la taille et des accessoires pour chaque élection était notifié à l'Intendant, au bureau des finances et aux élus par lettres patentes du Roi ; la quote-part de chaque communauté était fixée par un état de répartement dressé pour chaque élection par l'Intendant, par un trésorier de France, par les élus et signé de ces divers fonctionnaires.

Des mandements de répartition revêtus des mêmes signatures étaient ensuite envoyés à chaque communauté. A la réception du mandement, les asséeurs dressaient les rôles.

Les lettres patentes du Roi et les mandements de répartition étaient généralement précédés de considérants annonçant que les augmentations d'impôts n'étaient que temporaires et promettant des diminutions pour l'avenir, promesses qui ne se réalisaient jamais.

Venaient ensuite la fixation du chiffre de l'impôt et une instruction détaillée pour les asséeurs ou collecteurs, qui, après avoir dressé le rôle, en faisaient le recouvrement.

Ils étaient désignés par la communauté dont ils répartissaient l'impôt et devaient être choisis parmi les habitants. C'était une charge très-lourde, parce que les collecteurs étaient tenus de payer au receveur des tailles de l'élection le montant total du rôle, aux termes fixés par les ordonnances sans pouvoir déduire les sommes qui n'auraient pas été versées par des contribuables insolvables et reconnus incapables de solder leur quote-part d'impôt.

L'institution des commissaires des tailles au milieu du dernier siècle en laissant subsister intactes les attributions des collecteurs, quant à la perception de l'impôt, les réduisit à celles des répartiteurs actuels, quant à la confection des rôles.

Les commissaires des tailles, qui apparaissent pour la première fois en novembre 1615 comme un triste expédient fiscal—leur office étant vendu fort cher—n'eurent qu'une existence éphémère, ils figurent de nouveau en 1702 pour être institués définitivement en 1707 et ne fonctionner régulièrement qu'à partir de 1746.

Leur mission était triple :

1° Etablir un tarif servant de base à la répartition de l'impôt.

2° Dresser la liste des contribuables et l'état des revenus sujets à l'impôt par chaque contribuable.

3° Fixer à l'aide de l'application du tarif le taux de l'impôt dû par chacun.

III

Vingtièmes.

Ce qui distingue principalement les vingtièmes de la taille et de la capitation, c'est que les gentilshommes, les magistrats et les officiers privilégiés payaient les vingtièmes sur les mêmes bases et d'après les mêmes rôles que les roturiers, tandis qu'ils étaient imposés à la capitation sur des rôles spéciaux et en exécution d'un tarif spécial, et que s'ils contribuaient à l'acquittement de la taille, ce n'était qu'indirectement et incomplétement, puisqu'ils ne devaient rien comme propriétaires et que leurs fermiers n'étaient imposés que pour moitié de ce qu'auraient payé des propriétaires roturiers. L'établissement de la capitation en 1695 et l'obligation imposée à la noblesse d'en payer une part fut le premier pas fait vers l'égalité des impôts, le second fut la création du dixième qui, en 1710, commença à être levé sur tous les Français indistinctement.

Supprimé en 1717, rétabli en 1733, supprimé de nouveau en 1737 pour reparaître en 1741, le dixième fit définitivement place, en vertu de l'édit de mai 1749 au vingtième auquel des ordonnances postérieures ajoutèrent un second et un troisième vingtième et concurremment avec lequel on continua la perception des deux sols pour livre du dixième. Les rôles des vingtièmes furent dressés par des contrôleurs placés sous l'autorité du directeur des vingtièmes de la Généralité, lui-même subordonné à l'Intendant. La perception se fit par des préposés nommés dans chaque communauté par l'Intendant qui fut chargé de juger les réclamations, sur l'avis préalable du directeur des vingtièmes. Les déclarations des contribuables contrôlées à l'aide des baux et du tableau comparatif de la valeur des biens-fonds, servaient de base à la confection des rôles. Les fausses déclarations étaient punies d'une surtaxe égale au quadruple du vingtième des revenus du délinquant.

IV

Domaines et droits joints.

Les droits domaniaux échappaient en partie à l'action immédiate des Intendants. Ils étaient, comme les aides, perçus pour le compte des Fermiers généraux. Les inspecteurs et les commissaires des tailles, les directeurs et les contrôleurs des vingtièmes étaient, alors comme aujourd'hui, les agents directs de l'administration comme le sont les directeurs, inspecteurs, contrôleurs des contributions directes. Les agents chargés du recouvrement des droits domaniaux comme des aides, étaient seulement agréés par l'administration, ils tenaient leur commission des Fermiers généraux, qui les choisissaient. L'enregistrement actuel était représenté par l'insinuation et le contrôle des actes. L'insinuation ou transcription des clauses essentielles des actes fut établie par l'ordonnance de Villers-Cotteret (1539), maintenue et développée par la déclaration de février 1549, l'édit de mai 1553, les déclarations du 16 avril, mai, 20 novembre 1554, février et 10 juillet 1566, 17 décembre 1612, édit de mai 1645, déclaration du 17 novembre 1690 et édits de décembre 1703 et février 1731.

Les greffiers des juridictions royales chargés par l'ordonnance de Villers-Cotteret de la tenue des registres des insinuations furent remplacés en 1553 par des greffiers spéciaux supprimés en janvier 1560 par l'ordonnance d'Orléans, rétablis en 1703 par des charges, que Louis XIV mit en vente et qui firent place à des agents des fermiers des droits domaniaux.

Le contrôle des actes correspond à l'enregistrement actuel. Il date de l'édit de juin 1581, qui créa un *contrerolleur* des titres dans chaque siège royal de justice. Les actes notariés, les exploits d'huissiers furent soumis au contrôle et réunis aux domaines par édit de mars 1714. En 1725, le même agent des Fermiers généraux devint contrôleur des actes de notaires, insinuation, petits-sceaux, contrôle des exploits de la ville.

L'administration de l'enregistrement fût dès lors constituée d'une manière presque identique à son organisation actuelle, et placée sous la surveillance des Intendants, bien que le personnel demeurât à la nomination des Fermiers généraux, dont le choix du reste fut généralement heureux, parce que des agents capables leur assuraient une perception régulière et lucrative. La Rochelle était le siége d'une direction de troisième classe. Le recrutement du personnel et les conditions d'avancement furent réglés avec beaucoup de sagesse par le règlement du 28 juillet 1774 publié par M. d'Arbois de Jubainville, qui, nous nous plaisons à le répéter, nous sert constamment de guide dans cette étude, ce qui, pour le lecteur, est une garantie d'exactitude.

» Les chefs, même les sous-chefs de correspondances seront reçus au concours pour les directions de la deuxième et de la troisième classe.

» Lorsqu'il s'agira de nommer aux emplois, de quelque qualité qu'ils soient, la compagnie fera choix, parmi tous les employés du Royaume, indistinctement de ceux qui seront le plus propres à en bien remplir les fonctions, *sans avoir égard ni aux protections, ni aux recommandations. — A mérite égal, l'ancienneté des services déterminera le choix de la compagnie.* (Art. 11, 12 et 14).

L'administration actuelle de l'enregistrement se compose par chaque département, d'un directeur, d'un inspecteur et de vérificateurs. Les receveurs correspondent aux contrôleurs d'avant 1789, les chefs de bureau, aux chefs de correspondance, les ambulants seuls ont disparu.

V

Organisation militaire.

Sous la féodalité, les armées ont été recrutées par l'enrôlement forcé et pendant les derniers temps de l'ancienne monarchie, l'enrôlement volontaire fût préféré parce qu'il substituait aux cohues réunies précipitamment, une armée joignant à l'esprit de corps et à la discipline des connaissances spéciales et l'habitude du maniement des armes.

Malgré cette préférence donnée à l'enrôlement volontaire, l'enrôlement forcé fût appliqué par les Rois de France à un petit nombre de sujets pour constituer une sorte de réserve.

Cette réserve, qui date de l'ordonnance du 28 avril 1448, prit d'abord le nom de *francs-archers*, puis devint une milice provinciale qui fût recrutée par les Intendants, aux termes de l'ordonnance du 29 novembre 1688. Le milicien fourni par les paroisses les plus importantes de la généralité désigné par ses concitoyens, devait être célibataire, âgé de 20 ans au moins, de 40 au plus. Bientôt personne ne se souciant d'être désigné, l'Intendant dut recourir à l'enrôlement volontaire en offrant une prime au milicien, ce qui dénatura le principe de l'institution. Pour remédier à cet abus, l'ordonnance du 23 novembre 1691, prescrivait le tirage au sort des miliciens de chaque paroisse en y assujétissant aussi bien les célibataires que les jeunes hommes mariés.

Les conditions du remplacement militaire furent fixées par l'ordonnance du 1er février 1705, et la faculté de l'exonération temporaire mont établi le 10 septembre 1709. La somme à payer était alors de 75 livres par homme.

Le tirage au sort était accompagné de l'examen médical des sujets qui invoquaient des cas d'exemptions.

Le corps des francs-archers avait ses officiers nommés par le Roi, les miliciens eurent tantôt leur organisation distincte, tantôt, pendant la guerre de la succession d'Espagne, ils furent versés dans les régiments de l'armée active pour en combler les vides. Sous Louis XV, les miliciens prirent le nom de régiments provinciaux.

Ils furent licenciés par l'ordonnance du 5 décembre 1775, reconstitués sur un nouveau pied le 1er mars 1778. Les miliciens étaient assujettis au port de l'uniforme, seulement les uniformes étaient conservés, avec les armes, dans des dépôts placés dans les principales villes du Royaume. Tant que les soldats provinciaux demeuraient dans leurs foyers, ils étaient placés sous l'autorité exclusive de l'Intendant et des subdélégués. L'autorité des Intendants s'étendait, même en certains cas, sur les régiments du Roi et l'armée active. La prime de l'engagement volontaire, pour les régiments du Roi, fut fixée par l'ordonnance du 25 mars 1776 à 92 livres pour l'infanterie française, 120 livres pour l'infanterie Allemande et Suisse, 132 livres pour la cavalerie, 111 livres pour les dragons et hussards.

Les ruses et les violences des sergents raccoleurs, pour arracher une signature aux engagés volontaires, sont demeurées tristement célèbres; toutefois, l'Intendant interposait parfois son autorité et annulait les engagements irrégulièrement contractés.

Les frais de route aux soldats en marche étaient payés sur mandats délivrés par les subdélégués, les gîtes d'étape désignés par le Ministre, sur l'avis de l'Intendant, le logement, le coucher, la nourriture (janvier 1629), le transport des bagages étaient fournis par les communautés aux troupes en marche qui auparavant vivaient de pillages, par suite de l'insuffisance de la solde journalière. Des casernes furent créées par l'ordonnance du 14 août 1623; mais cette prescription fut lente à recevoir une exécution intégrale. La répression des délits commis contre les habitants, par les soldats en marche ou en garnison, était de la compétence de l'Intendant.

VI

Marine.

La marine avait une importance exceptionnelle dans une Généralité qui, comme celle de la Rochelle, possédait l'important arsenal de Rochefort et un développement considérable de littoral. Aussi le mémoire de Bégon nous apprend que presque toute la noblesse servait dans l'armée de mer. Le fondateur de Rochefort, Colbert du Terron, avait le titre d'Intendant général dans la province d'Aunis, et îles adjacentes et des mers du Ponant. Par la déclaration royale du 10 novembre 1695, les lieutenants généraux de la marine prirent rang avec les lieutenants généraux des armées, les chefs d'escadre avec les maréchaux de camp, les capitaines de vaisseaux et ceux des ports, les commissaires généraux de l'artillerie, les capitaines des gardes de la marine, les inspecteurs des compagnies franches de la marine et les majors avec les colonels; les capitaines des galiotes et d'artillerie, et les capitaines des frégates légères avec les lieutenants-colonels; les lieutenants de vaisseaux, ceux des ports, les lieutenants des gardes de la marine, les aides-majors, les lieutenants des galiotes et d'artillerie, et les capitaines de brulôts avec les capitaines d'infanterie. Les enseignes de vaisseaux, ceux des ports, des gardes de la marine, les sous-lieutenants de galiotes et d'artillerie, les lieutenants de frégates légères et les capitaines de flûtes avec les lieutenants d'infanterie, les aides d'artillerie, les chefs de brigade, brigadiers et sous-brigadiers des gardes de la marine avec les enseignes d'infanterie.

On sait que les officiers de marine de la Saintonge et de l'Aunis ont pris une part glorieuse aux expéditions maritimes de Henri IV, Louis XIII, Louis XIV, Louis XV et Louis XVI. Quand l'émigration eut privé notre marine de ses chefs, les marins de la République et de l'Empire ont soutenu dignement la gloire de leurs devanciers : Jean Allefonse Arnauld du Halde, Du Quesne-Guiton, Julien, Foran, Gabaret, Champlain, de la Galissonnière, de la Motte Michel, Pierre du Guâ, d'Amblimont, de Brémond d'Ars, Pineau, Huet du Riveau, Denis de Fronsac, Bernon, Froger de l'Eguille, de Tilly, la Touche Tréville, Chadeau de la Clochetterie, Nicolas de Voutron, de Vaudreuil, eurent pour continuateurs Renaudin, Lucas, Tourneur, l'amiral Martin, Freycinet, et ses illustres collaborateurs Lesson, Quoy, Savary, Garreau, Jacob, Rang, Duperré, Rigault de Genouilly, etc.

VII

Ponts-et-chaussées.

Confié d'abord aux officiers de justice, prévôts, baillis, sénéchaux, le service des ponts-et-chaussées fut attribué aux trésoriers de France par l'ordonnance du 20 octobre 1508. L'édit de mai 1599 le leur ravit pour le confier au Grand-Voyer, qu'il créa. L'édit de février 1626 le rendit aux bureaux des finances, qui, sous l'influence des Intendants, ne conservèrent plus d'autorité qu'en matière contentieuse. Dirigé par l'Intendant, ce service exécuta les plus utiles travaux, grâce au concours des ingénieurs des Ponts-et-chaussées, qui datent de Louis XV. L'Ingénieur ordinaire du Roi, depuis ingénieur en chef, eut sous ses ordres des ingénieurs ordinaires, sous-ingénieurs, inspecteurs, conducteurs principaux, conducteurs particuliers, piqueurs principaux, piqueurs particuliers, etc. C'est à cette administration que l'on doit le tracé actuel des principales routes nationales et des grandes artères du réseau départemental. Ce fut l'honneur du marquis de Reverseaux, d'imprimer à ces travaux une grande activité dans la généralité de la Rochelle, dont il fut le dernier Intendant. Toutefois, l'entretien des routes au moyen de la corvée royale fut une lourde charge pour les habitants des campagnes, et motiva de graves reproches dont les écrivains les plus distingués se sont faits les organes :

> Point de pain quelquefois et jamais de repos,
> Sa femme, ses enfants, les soldats, les impôts,
> Le créancier, *et la corvée*,
> Lui font d'un malheureux la peinture achevée.
> Il appelle la mort, ...

VIII

Police administrative

Les attributions des Intendants en matière de police étaient étendues et variées. Elles comprenaient les affaires ecclésiastiques, — l'instruction publique, — la presse, — la santé publique, — le commerce des denrées alimentaires, — les postes et les messageries, — l'expédition des lettres de cachet et la répression des crimes, délits et contraventions qui échappaient aux juridictions ordinaires.

Ce n'est pas en quelques lignes que l'on peut esquisser l'ensemble des mesures si graves dues à l'intervention trop docile des Intendants dans ces matières religieuses les plus délicates de toutes. La liberté individuelle n'était pas plus respectée, sous le régime du bon plaisir, que la liberté de conscience. Si les Religionnaires furent impitoyablement traqués pendant un siècle par les Intendants et leurs agents, ces magistrats poursuivirent, avec une égale impartialité, les jansénistes, puis les membres du clergé qui refusaient les sacrements aux jansénistes, quand la faveur de la Cour vint à protéger les jansénistes, puis les jésuites, lorsque les Parlements se tournèrent contre cet ordre puissant. Du reste, l'Intendant surveillait les élections dans les abbayes et imposait son choix au besoin, intervenait dans les conflits entre les curés et leurs paroissiens, protégeait, à sa manière, les congrégations hospitalières, ainsi que les administrations des hospices, qui, pour faire respecter leur autonomie, avaient à lutter contre les empiétements de ce haut fonctionnaire. L'Intendant siégeait à côté de l'Évêque dans les bureaux d'administration des collèges, présidait avec lui à la nomination des maîtres et maîtresses d'écoles de toutes les paroisses rurales. Le maître d'école salarié par une réduction de la taille et une très-modeste rétribution de la communauté, de la fabrique ou d'une fondation particulière, unissait à l'instruction de la jeunesse, les soins de l'horloge, la sonnerie des cloches, les fonctions de sacristain à l'Église. Pendant sept mois seulement, il avait les élèves sous sa direction; les vacances comprenaient tout le reste de l'année. Le traité d'engagement du maître d'école était passé devant le lieutenant de la justice et son greffier, entre le curé, le syndic de la communauté, les principaux habitants et le recteur de l'école.

La maréchaussée, dont l'origine remonte au quatorzième siècle, était sous la main de l'intendant. Comme notre gendarmerie actuelle, tout en appartenant à l'armée, elle agissait sur la réquisition des autorités administratives et judiciaires et était dispersée par détachements et brigades sur toute la surface du Royaume.

IX

Administration communale.

Sous l'ancienne monarchie, les communautés d'habitants se distinguaient en deux classes, les villes avaient à leur tête une commission administrative, dont le président nommé par le Roi avait le titre de maire et était assisté d'échevins. Des ordonnances royales réglaient cette magistrature depuis que les anciennes communes avaient successivement perdu leur indépendance et leur autonomie, dont la Rochelle fut, en 1628, le dernier boulevard, puisque son indépendance communale était la sauvegarde de sa liberté religieuse.

Les communautés rurales, dont quelques-unes formaient des agglomérations de plus de deux mille habitans, avaient pour seuls magistrats les officiers de justice désignés par les seigneurs. L'assemblée générale des habitants exerçait l'administration et élisait le syndic, agent du pouvoir exécutif et comptable responsable vis-à-vis des électeurs. Cet agent n'était pas magistrat et les procès-verbaux des assemblées des habitants convoqués généralement le dimanche à l'issue de la messe, devaient être passés par devant notaires ou par devant un délégué du seigneur, officier de justice. Le juge seigneurial tranchait les conflits entre le syndic et ses électeurs administrés, agissait d'office sur la réquisition du ministère public ou procureur fiscal, sauf appel aux juridictions supérieures dont le Parlement était la plus haute.

Les Intendants s'appliquèrent à ruiner, à leur profit, cette organisation. Ils luttèrent pour annuler l'influence des seigneurs et de leurs agents, pour enlever à l'autorité judiciaire seigneuriale la tutelle des communautés, et la confisquer au profit du pouvoir royal, du conseil d'État, de l'Intendant et de ses subdélégués. La victoire définitive demeura aux Intendants, décourageant leurs adversaires par la multitude des précédents qu'ils entassèrent avec une inaltérable patience et un grand esprit de suite.

X

Commerce et Industrie.

La surveillance des corporations industrielles et commerciales était une des nombreuses attributions de l'autorité judiciaire qui passa au XVIIIᵉ siècle entre les mains des Intendants qui réglementèrent aussi le commerce maritime et en particulier celui des eaux-de-vie si important dans la cité de la Rochelle.

XI

Agriculture.

Au milieu de leur profonde misère, les habitants des campagnes se tournèrent vers l'Intendant comme vers le protecteur né des intérêts agricoles et souvent ils trouvèrent dans ce magistrat un défenseur et un appui.

XII

Statistique.

Le premier dénombrement authentique de la population fait par les intendants date de 1787. Il ne reste aucune trace des résultats d'une statistique antérieure, ordonnée en 1762.

Conclusion.

L'administration, c'est l'action vitale du Gouvernement, et sous ce rapport, elle en est le complément nécessaire, il est la tête, elle est le bras de la société. » (Marcarel).

L'administration a donc dû participer, sous l'ancienne monarchie, aux imperfections de cette puissante organisation, à l'absence de pondération et de contrôle. « Quoi qu'on en ait pu dire, écrit un historien autorisé, M. G. Picot, la révolution de 1789 n'établit définitivement en France que l'égalité. — Cette victoire a coûté cinq siècles d'efforts. — Il reste aujourd'hui à fonder parmi nous la liberté. — Il n'y a que quatre-vingts ans qu'il nous est permis d'y travailler de nos propres mains. 1789 c'est hier pour les hommes de notre temps.—Il n'y a de puissant en ce monde que les forces qui se composent de petites forces accumulées. De même dans l'histoire des peuples, il n'y a d'irrésistible que les principes composés d'une multitude d'idées successives qui ont pénétré une à une dans le cerveau des hommes. Voilà pourquoi les institutions ne s'établissent pas en un jour ; comme les vieux chênes de nos forêts, pour s'attacher au sol, elles ont besoin de profondes racines. »

DE RICHEMOND.